AF247652

NOTICE

SUR

THOMAS-CHARLES NAUDET,

PEINTRE DE PAYSAGE;

PAR T. C. BRUUN NEERGAARD.

Iʟ est des devoirs que l'homme doué d'une heureuse sensibilité aime à rendre à l'amitié; il aime à assister aux derniers momens de son ami; momens douloureux, mais consolans. Il croit l'avoir soulagé en lui portant les derniers secours, les dernières consolations. Accomplir ses dernières volontés est pour lui plutôt une satisfaction qu'un devoir. Notre amour-propre est flatté de voir que l'ami regrette autant de nous quitter que nous sommes désolés de ne pouvoir plus espérer de le rencontrer sur la terre. On croit encore lui faire plaisir pour la dernière fois en l'accompagnant au terme de toutes les espérances et de toutes les grandeurs.

Éloigné de quelques centaines de lieues de la capitale, la funeste nouvelle de la mort de l'ami, de l'artiste, qui m'accompagnait depuis huit années dans mes voyages, vint frapper mon cœur. A mon retour, plus de *Naudet* pour moi..... Les mêmes goûts nous avaient réunis; et, revenus de nos courses lointaines, le passé ne manquait jamais de nous paraître plus beau que le présent. On croit toujours avoir été plus heureux qu'on ne l'est. Le repos qui fait tout le bonheur de tant de personnes ne fut plus pour nous qu'une privation. Quelquefois, mais rarement, nos opinions ne s'accordaient pas : c'est un bonheur de plus dont on jouit dans les arts ; on ne voit pas toujours avec les mêmes yeux, si on ne veut pas voir avec les yeux des autres. Un problème résolu ne laisse presque plus de jouissance à celui qui le cherchoit.

Thomas-Charles Naudet naquit à Paris le 30 novembre 1773. Ses parens donnèrent à sa première enfance les soins qu'on aime à lui prodiguer, quand on est assez heureux pour avoir un fils, et que l'on croit lui devoir, même lorsqu'on n'est pas trop favorisé de la fortune. Dès un âge déjà peu avancé, son goût naturel l'entraîna vers les arts; il s'attacha principalement aux paysages et aux fabriques qui font leur ornement. *Robert*, *le Jean-Paul*, Français, à qui on ne rend pas toujours la justice qu'il mérite, ainsi qu'aux *Greuze*, aux *Fragonard*, aux *Boucher*, etc., permit au jeune *Naudet* de travailler dans son atelier, et guida ainsi par ses conseils et ses exemples ses premiers pas dans la carrière des arts ; pas difficiles, mais importans pour l'avenir. Cette permission fut d'autant plus flatteuse pour le jeune artiste, que ce célèbre peintre ne fit pas d'élèves ; et il paraît par cette prédilection particulière que *Robert* accorda au talent naissant de notre jeune homme, qu'il voyait dès-lors ce qu'il deviendrait un jour. *Naudet* travailla avec assiduité dans l'école de *Robert*, et il y acquit une facilité rare, qu'il sut ensuite affermir par l'étude. La facilité seule égare souvent le jeune artiste ; il croit tout savoir quand il ne fait que commencer d'apprendre. *Naudet* copia beaucoup son maître, et quelquefois même avec tant de succès, que la cupidité les a souvent signées du même nom que l'original. C'est ce qui arriva aussi à des copies qu'il fit d'après plusieurs ouvrages du célèbre *Boissieu*, pour s'approprier autant que possible sa belle manière de

(4)

laver à l'encre de la Chine. Aussi *Naudet* disait souvent : « *Robert* et *Boissieu* sont mes
» maîtres. » Il dessina en même temps à l'Académie d'après le modèle, ce qui lui donna
par la suite beaucoup de facilité pour la figure.

Le premier pas que le jeune artiste fait dans la carrière des arts a quelquefois besoin d'encouragement et de soutien ; le talent et la fortune ne se donnent pas aussi souvent la main qu'on pourroit le désirer. *Naudet* fut assez heureux pour trouver des protecteurs dans la personne de feu *Doulcet*, et d'un autre dont le nom m'est inconnu, mais qu'il appelait souvent, lorsqu'il le voyait passer, *l'homme au petit écu.*

Ce temps d'orage où la fortune même acquise par le talent et des grands travaux était un crime, n'épargna pas même M. *Robert* : on décréta son arrestation. Un dessin que *Naudet* exécuta, d'après un croquis que l'artiste lui fit parvenir, lui sauva la vie. Quelle jouissance pour l'élève d'avoir pu donner à son maître une marque de reconnaissance aussi satisfaisante pour son cœur !

Naudet fut à l'armée pour quelques mois seulement ; son goût inné pour les arts n'était pas en harmonie avec le bruit des armes. Il y souffrit beaucoup ; mais il eut le bonheur d'y faire quelques amis, sur-tout un dont le sort n'était pas aussi heureux que le sien. Il goûta le bonheur de pouvoir le soulager, et la douleur de le perdre.

On pourrait avec raison désirer que les marchands de tableaux et de dessins fussent toujours amateurs éclairés des arts ; alors l'avidité seule ne guiderait pas toujours leur jugement ; ils trouveraient plus souvent occasion d'être utile aux artistes : il est rare d'en trouver des exemples. Je me flatte cependant d'en pouvoir citer un dans M. *Constantin* ; il fut marchand amateur dans un temps où peu de monde l'aurait été ; il pensait à l'aisance des autres sans en avoir encore acquis une ; mais les beaux procédés ne sont pas sans récompense ; et *Constantin* en est une preuve. Il avait tant de bontés pour *Naudet,* que celui-ci l'appelait toujours son second père.

Notre artiste n'avait jusqu'alors pu dessiner que les environs de Paris. Une occasion favorable se présente pour lui de pouvoir faire une étude plus approfondie de la nature. *Constantin* le recommanda à feu M. *de Cambry*, si connu par son goût éclairé pour les arts et les sciences : alors préfet du département de l'Oise, depuis l'an **VIII** jusqu'à l'an **X**, il avait besoin d'un dessinateur pour faire les objets dont il voulait orner la description de son département. Il fut si satisfait du choix qu'il avait fait de *Naudet*, qu'il fit graver beaucoup d'après ses dessins.

Etant de retour de mon voyage de Suisse, après avoir perdu mon illustre compagnon de voyage *Dolomieu*, le goût que je gagnai tous les jours à Paris pour les beaux-arts m'avait inspiré l'idée d'un voyage pittoresque de l'Espagne ; idée que le savant baron *de la Borde* a depuis si bien exécutée. Il me fallait naturellement un dessinateur pour remplir ce projet. *Constantin* me recommanda *Naudet*, et c'est de cette époque que date notre connoissance, qui se changea bientôt en une amitié que la mort seule fut en état de dissoudre. Avant d'entreprendre ce voyage, mon ami, le célèbre paysagiste *Thiebault*, qui a porté l'aquarelle à un degré de perfection et d'harmonie, qui ne laisse, pour ainsi dire, rien de plus à désirer, eut la complaisance de donner à *Naudet* quelques leçons de perspective ; leçons dont il se rappelait toujours avec reconnoissance par l'heureux emploi qu'il en fit dans ses ouvrages.

Nous traversâmes l'Auvergne et le Vélay pour passer dans le midi de la France. Ce fut au Puy, l'ancienne capitale du Vélay, qu'il prit la vue de cette ville, la plus pittoresquement située de toutes celles que j'ai vues, et de ses environs. Il en a fait un grand dessin à la sépia, où il a heureusement employé sur les devants sa plume légère et facile qui, si souvent, a donné tant de vigueur à un grand nombre des dessins de notre voyage. Je regarde ce dessin comme un des plus beaux qu'il a faits. Il fut exposé avec succès au Salon de 1808. Après que nous eûmes descendu le Mont-Messin, *Naudet* fut attaqué de nouveau de la colique des peintres, maladie dont il avait souffert dans sa jeunesse, pour avoir avalé, en léchant ses pinceaux, une trop grande quantité de blanc de plomb, en faisant la gouache. Il fut obligé de retourner à Paris pour se faire soigner. Il vint ensuite me joindre à Barcelone, d'où nous fîmes une traversée à Mont-Cerat, à Cardone, à Saint-Michel. Ce voyage nous fournissait de beaux points de vue. Nous retournâmes à Barcelone, satisfaits de notre premier essai sur le territoire espagnol. Mais hélas! à mon retour j'y trouvai la funeste nouvelle de la mort d'une mère justement chérie, et je fus obligé de retourner bien vite dans ma patrie, le Danemarck, au lieu de continuer ma route vers le midi de l'Espagne, pour admirer ses beaux monumens moresques. *Naudet* retourna à Paris, où il finit mes dessins, et vint, après une année d'absence, me joindre à Spa, d'où nous traversâmes l'Allemagne jusqu'à Vienne.

Les bords du Rhin et du Danube occupèrent sur-tout ses crayons. Il fut bien satisfait des environs de la capitale de l'Empire autrichien. Nous allâmes à Venise par Trieste. Venise frappa singulièrement son imagination. La position extraordinaire, et on peut bien dire presque magique de cette ville flottante, ainsi que des îles qui l'environnent, ne sortit jamais de sa mémoire. Il la revit avec un nouveau plaisir dans notre second voyage d'Italie. Aussi puis-je me flatter de posséder une fort jolie suite des dessins de ces contrées, qui, par leurs détails, pourraient suffire pour en donner une idée juste à ceux qui n'ont pas eu le bonheur de les voir. L'artiste exécute toujours le mieux ce qui frappe vivement son imagination. Nous passâmes ensuite par Padoue, Bergame, Vérone, Vicence, Milan et Turin, et nous retournâmes par le Mont-Cénis pour revenir à Paris. Des circonstances imprévues nous empêchèrent de voir cette fois-ci ni Florence, ni Rome, ni Naples. Cela fut un coup mortel pour *Naudet*, pour un artiste qui aimait à étudier les belles fabriques d'Italie, et qui savait admirer ce beau ciel, pour l'imiter autant que l'art peut approcher de la nature. Ce désir bien naturel à un peintre, qui aimait autant à voir que *Naudet*, ne fut satisfait qu'une année après.

Nous partîmes de nouveau de Paris vers la fin de juillet 1806, pour recommencer notre voyage d'Italie. Nous allâmes par Dijon à Genève. En traversant la vallée de Chamouni, *Naudet* ne se lassa pas d'admirer cette chaîne imposante de hautes montagnes, dont l'aspect varie d'un pays à l'autre ; il n'oubliait pas en même temps d'étudier les caractères qui sont propres à chacune d'elles ; chose absolument nécessaire pour donner à ses paysages cette vérité parlante que la nature de chaque pays exige, mais que le paysagiste ne néglige que trop souvent. Un faux pas qu'il fit sur la mer de glace, faillit de lui coûter la vie. Nous traversâmes le Simplon, après être montés sur le Saint-Bernard. Je vis finir cette route étonnante que j'avais vu commencer : c'est un des plus beaux monumens de la magnificence de l'Empereur NAPOLÉON.

Le lac Majeur fit pendant quelques jours nos délices, ainsi que celui de Côme, que nous vîmes après être passés par Milan. Les bords de ce dernier lac paroissaient plus pittoresques à notre artiste que ceux du lac Majeur, mais il n'y retrouva point ces îles enchanteresses qui ornent celui-ci et qui tant de fois ont été si justement chantées. *Naudet* revit avec attention le nord de l'Italie, auquel il croyait toujours qu'on ne rendait pas assez de justice, parce qu'on ne le connaissait pas assez. Nous vîmes Pavie, Plaisance, Parme, Vérone, Vicence, Padoue et Venise, où nous séjournâmes quelques semaines. Nous montâmes par la Brenta, dont les bords ne parurent pas à notre artiste aussi pittoresques qu'on les décrit. Nous vîmes Ferrare et Aquapendente, si fameux par le séjour du chantre de la belle Laure. Après être passés par Mantoue et Bologne, nous arrivâmes à Florence. Ici des fabriques d'un style plus grand, des costumes plus intéressans, et une langue, même plus douce à l'oreille de notre peintre, quoiqu'il ne la parlât pas, commencèrent de lui procurer des jouissances dont le souvenir lui resta jusqu'à la fin de ses jours.

Rome, cette ancienne capitale du monde, dont la vue est si désirée par tous les artistes, et que je trouve ne pouvoir pas assez l'être, après l'avoir vue, fut pour *Naudet* un nouveau monde. Il en jouissait d'autant plus que, depuis quelques années, il s'était adonné à l'étude de l'histoire romaine. Cette étude préparatoire est d'autant plus nécessaire pour parcourir ces contrées, dont le temps, qui détruit tout, ne peut même pas effacer le souvenir.

Notre artiste connaissait bien par les gravures les fresques de *Raphaël* et de *Michel-Ange*; « mais, me disait-il, les connaît-on sans les avoir vues? » Quatre mois s'écoulèrent à Rome, Tivoli, Frascati, Albano, Castel-Gandolfo, Larisia et Nemi.

Naudet fut très-lié à Rome avec *Ingre*; cette liaison honora ses connaissances et ses talens. *Ingre* est très-instruit et sans contredit un des jeunes peintres dont on peut le plus espérer le renouvellement de l'Ecole française moderne. *Naudet* aimait à Rome la facilité du talent de *Pinelli* qu'il occupait beaucoup. Il voyait souvent son ancien ami *Marin*, qu'il trouva avoir beaucoup épuré son style, sans nuire à la grace qu'il avoit acquise dans l'Ecole du célèbre *Clodion*. Il admira les dessins de

Camouchini d'après *Raphaël*. Il rendit avec tout le monde justice aux sublimes talens de *Canova* et de mon compatriote *Thorvaldson* ; il regretta, tout en admirant le génie que ce dernier déploie dans ses savantes compositions, qu'il fût encore si loin de donner la vie au marbre, comme le fait le fameux *Canova*. « *Granet*, disait-il, a créé un nouveau genre ; » jamais les intérieurs ne m'ont paru produire autant d'effet que sous son pinceau enchanteur. *Wagner* le jeune, peintre d'histoire, lui plaisait beaucoup : c'est aussi sans contredit un des peintres que nous vîmes à Rome dont on peut se promettre le plus. En général, *Naudet* rendait justice au talent par-tout où il le trouvait ; il avait trop de raison, il avait trop vu, pour que l'univers ne fût pas pour lui la patrie des arts, qui peuvent éclore par-tout où la nature et l'antique peuvent venir à leur secours. La jolie collection de dessins, sur-tout de maîtres modernes que notre artiste avait formée, peut servir d'appui à ce que je viens de dire. Nous passâmes après un mois à Naples ; il descendit avec moi dans le cratère du Vésuve, et dessina beaucoup dans ce pays si pittoresque ; et après neuf mois d'absence nous retournâmes par le Mont-Cénis et Lyon à Paris.

Jamais artiste n'a plus travaillé dans aucun voyage, que *Naudet* le fit dans celui-ci : aussi en possédé-je une assez belle suite de dessins et croquis, pour pouvoir fournir les matériaux d'un voyage pittoresque d'Italie ; de cette belle Italie dont le nord ne me paraît pas encore assez connu, pour ne pas me laisser le désir de le faire un jour mieux connaître. Je lui fis faire aussi en Italie une suite des figures pour les différentes poses et les différens genres d'occupation, laquelle mérite sans doute l'attention des amateurs. C'est observer les nations sous un point de vue neuf, et qui peindra mieux que les costumes mêmes leur caractère et leurs mœurs.

Les dessins de mon voyage d'Italie sont tous de la même grandeur, faits en divers genres et sur des papiers de différente couleur. J'ai voulu par-là sauver la monotonie qui suit presque toujours la vue de plusieurs dessins du même maître exécutés de la même manière ; sentiment que j'ai éprouvé en voyant les dessins du voyage pittoresque de la Suisse du célèbre *Pérignon*, et qui appartient à mon ami *van der Null* à Vienne.

Naudet faisoit bien la gouache et les légères aquarelles ; il réussit peut-être le mieux à la sepia, sur-tout quand il y mêlait sa plume *spirituelle*. Il a aussi fait des dessins à l'encre de la Chine, au bistre, à la plume et au crayon. Il fut fidèle dans ses vues. Ses petites figures sont touchées avec plus d'esprit que ne le font ordinairement les peintres de paysage : ses fabriques sont très-bien, peut-être n'en peut-on pas dire toujours autant de ses arbres : ses dessins ont beaucoup plu à *Taunay*, *Thiebault*, *Bidault*, *Bourgeois* et *Bertin*, louange à laquelle, j'espère, il n'y a rien à ajouter. M. *Denon* lui-même, qui connaît si bien l'Italie, a trouvé qu'on ne pouvait pas avoir de plus beaux matériaux pour un voyage pittoresque du nord de l'Italie. *Naudet* commença à peindre à Rome; on voyait qu'il ne lui manquait que la pratique. Il a essayé avec succès de graver à l'eau-forte, il aurait même pu graver une partie de nos voyages. On a gravé d'après lui plusieurs caricatures qu'il composa avec finesse et esprit.

Naudet a quelquefois mis son nom sous des productions qui ont été médiocrement gravées d'après lui, ou qui n'étaient pas de son genre ; je lui reprochais souvent le tort qu'il avait à cet égard. On juge quelquefois un artiste faussement sur un seul ouvrage. Je connais même des peintres qui, après avoir vu telle production d'après lui, prétendaient qu'il ne savoit rien faire de bon. Pour rendre justice au talent de *Naudet*, il faut voir les dessins qu'il a faits pour moi, et je crois qu'en les voyant on sera forcé de dire que peu d'artistes convenaient mieux à un voyageur que lui.

Il travaillait encore à finir mes dessins quand sa poitrine fut attaquée ; maladie à laquelle les secours de la médecine ne furent utiles qu'à une certaine époque. Il mourut le 14 juillet 1810, âgé de 36 ans et demi, regretté d'un père et d'une mère qui ne cessent de le pleurer. Il laisse un fils et des sœurs inconsolables ; sa mémoire est toujours présente à ses amis. Il fut enterré au cimetière de Vaugirard, où on lui a élevé un monument modeste.

Outre son talent dans les arts, *Naudet* avait un beau timbre de voix, une excellente mémoire, et une grande facilité pour la déclamation.

De l'Imprimerie de Madame HUZARD (née VALLAT LA CHAPELLE), rue de l'Eperon, N°. 7.